QUELQUES IDÉES

POLITIQUES.

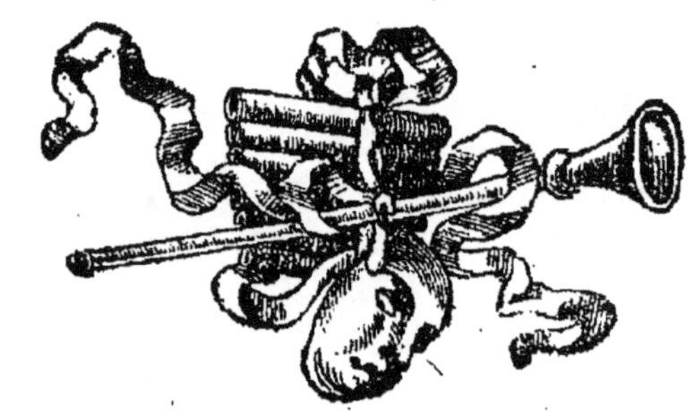

PARIS,

IMPRIMERIE DE MIGNERET,

RUE DU DRAGON, F. S. G., N.º 20.

1815.

AVERTISSEMENT.

Eɴ mettant au jour quelques idées politiques, j'ai l'intention de ne rien dire qui ne soit conforme à l'ordre de choses existant aujourd'hui en France, et j'ose me persuader qu'elles paraîtront justes et naturelles à ceux qui aiment sincèrement leur pays, qui desirent le maintien de la tranquillité publique, et qui prennent quelqu'intérêt au bien-être de leurs concitoyens.

Les sentimens que j'exprime auraient peut-être plus de force, s'ils étaient développés suffisamment ; mais c'est un travail que je n'ai point voulu entreprendre. J'ai tâché de m'énoncer assez clairement pour ne laisser aucun doute sur mes opinions, et pour convaincre le lecteur du profond respect que je porte à l'auguste Monarque qui gouverne la France, et qui met une sollicitude paternelle à réparer les maux que ses peuples ont soufferts depuis vingt-cinq ans.

QUELQUES IDÉES

POLITIQUES.

LE Gouvernement d'un seul, étant celui sous lequel le peuple est plus tranquille, et par conséquent moins sujet à être divisé par les factions, qui font toujours son malheur, je le préfère, et il est préférable sous ce rapport, à tout Gouvernement républicain, qui ne peut se maintenir dans un grand Etat comme la France. La funeste expérience que nous en avons faite est encore trop récente, pour qu'il soit besoin d'entrer dans aucuns raisonnemens à cet égard.

L'auteur du Contrat - Social a reconnu l'impossibilité du Gouvernement purement démocratique ou populaire, en disant, que *s'il existait un peuple de Dieux, il se gouvernerait démocratiquement, et qu'un Gouvernement si parfait ne convient pas à des hommes.* Cependant, quand la démocratie est modifiée à-peu-près comme elle l'était à Rome ou à Athènes, une Nation peut exercer les droits de la souveraineté avec quelques-uns de ceux du Gouvernement ; mais on ne doit en admettre la possibilité que dans un Etat où les citoyens soient faciles à rassembler au même lieu, et puissent se connaître entr'eux. Il faut sur-tout une grande simplicité de mœurs, et quelque égalité dans les rangs et dans les fortunes, chez un peuple qui adopte cette forme d'administration, pour qu'elle y soit durable. Il serait difficile, d'après cela, d'en trouver un aujourd'hui qui pût se gouverner de la sorte. Il était donc déraisonnable de vouloir donner aux Français un Gouvernement aussi opposé à leurs mœurs, à leurs inclinations et à leurs intérêts.

Il faut constamment dans l'Etat une puissance législative et représentative, pour contre-balancer en quelque sorte ou tempérer l'autorité du Gouvernement ;

n'importe le nom qu'on lui donne , pourvu que ce soit une réunion d'hommes probes et éclairés , du choix de la Nation , et qui défendent réellement ses intérêts , puisqu'elle ne peut les défendre par elle-même.

Rousseau appelle République tout Etat régi par des lois , sous quelque forme d'administration que ce puisse être : car alors seulement l'intérêt public gouverne. Il ajoute , que pour être légitime , il ne faut pas que le Gouvernement se confonde avec le Souverain , mais qu'il en soit le ministre ; c'est-à-dire que le pouvoir législatif doit toujours être séparé du pouvoir exécutif.

Comme les grandes assemblées ont souvent été inutiles ou nuisibles au bien public , par le tumulte ou l'esprit de parti qui y règne , il est à desirer que les députés ou représentans de la Nation soient toujours peu nombreux , et que n'étant guidés que par l'intérêt général , ils discutent et traitent avec ordre et impartialité tout ce qui est relatif à la législation et au bien-être des gouvernés. Ce que je dis ici ne peut avoir rapport qu'à un Gouvernement juste et modéré, sous lequel on émet sans crainte son opinion, et où l'on s'occupe sincèrement du bonheur du peuple : car sous le despotisme, où on l'opprime constamment, le nombre des législateurs ou députés est fort indifférent ; leurs séances ne sont jamais orageuses, puisqu'ils n'ont pas le droit de parler. *Il est d'expérience,* dit M. Ferrand, (1) *que l'homme dans une assemblée nombreuse, est rarement le maître de ses actions ; souvent même il ne l'est pas de ses pensées. Le plus imprudent, le plus hardi, le plus fougueux, est presque toujours celui qui domine.*

Je suis partisan des institutions libérales qui maintiennent les droits de la Nation parmi tous les citoyens, et qui offrent à quiconque est honnête et instruit, l'espoir de parvenir à un emploi public. Je ne veux point point parler des droits po-

____

(1) L'Esprit de l'Histoire.

litiques du peuple, qui ont pour objet la souveraineté ou le pouvoir de faire des lois et qui l'autorisent à regarder comme nulles celles qu'il n'a point faites ou ratifiées, ni du droit de changer à son gré la forme ou les Chefs du Gouvernement établi. Ces principes qu'on trouvait sublimes à l'époque la plus désastreuse de notre révolution, sont, comme on l'a vu, infiniment dangereux dans la pratique : ils précipitent un peuple dans toutes sortes d'erreurs, d'extravagances et de calamités, en le provoquant à l'insurrection.

Je parle des droits que le peuple exerce ou peut exercer tranquillement sous le Gouvernement monarchique, droits qui sont fixés invariablement par la Constitution, et qui ne consistent que dans l'élection des représentans ou députés qui doivent concourir à la formation de toutes les lois, et veiller aux intérêts de la Nation qui leur en a délégué le pouvoir.

J'aime les lois qui imposent les mêmes devoirs et les mêmes charges à tous les gouvernés , et qui n'établissent ni distinctions ni privilèges pour aucune classe de l'Etat. Serait-il bien juste d'accorder aux enfans qui n'ont encore rien fait pour leur patrie, des honneurs et des titres dont leurs pères n'ont joui ou dû jouir que pour les services qu'ils lui ont rendus dans l'exercice de leurs fonctions, ou pour les témoignages de fidélité et de dévouement qu'ils ont donnés à leur souverain? C'est à eux , s'ils veulent les obtenir, à tâcher aussi de les mériter ; et il leur sera toujours plus facile qu'à d'autres de parvenir à des emplois élevés.

J'ai peine à soutenir l'idée d'une noblesse qui croirait pouvoir prétendre seule aux dignités , aux charges et aux distinctions dans l'Etat, et qui regarderait avec mépris tout ce qui n'est point titré ou privilégié. Je ne vois de qualifiés et de respectables dans un pays civilisé que ceux qui remplissent dignement leurs fonctions par leurs talens et leur probité.

Pendant près de quatre cents ans, sous la première et la deuxième race de nos

Rois, il n'y avait que la couronne qui fût héréditaire en France, et les terres, les charges, les dignités ne se donnaient qu'à vie, (1) encore ce fut sous les faibles successeurs de Clovis qu'elles s'obtinrent ou se conservèrent de la sorte : car le fondateur de la monarchie Française, en distribuant à ses guerriers des bénéfices et des charges, ne les leur avait donnés que pour un temps. Il s'était réservé le droit de les retirer à ceux qui ne rempliraient pas les devoirs et les obligations qu'il leur avait imposés. Tous les Francs, même les Gaulois, pouvaient y prétendre, quelle que fût leur naissance, et ils étaient employés à la guerre sous l'autorité du prince qui les gouvernait. Charles-le-Chauve, petit-fils de Charlemagne, rendit les titres et les dignités héréditaires dans les familles qui les possédaient, et ils devinrent alors ina-

____

(1) Il faut cependant en excepter la charge de maire du palais, sous la première race, qui devint héréditaire comme la dignité royale.

movibles. C'est au règne de ce prince que commença le régime féodal et depuis ce moment l'autorité royale ne fit plus que décroître. On sait que le Gouvernement féodal était aussi funeste à la royauté qu'au peuple, puisque la première était dépouillée de presque tous ses droits, et que le second, tout-à-fait séparé de son souverain, fut réduit à l'état de servitude, d'où il ne sortit qu'à mesure que les Rois de la troisième race recouvrèrent leur autorité par l'affaiblissement de la puissance de leurs vassaux. Depuis long-temps il ne reste plus aucune trace en France de cet inique et absurde gouvernement, dans lequel, dit Rousseau, *l'espèce humaine est dégradée, et où le nom d'homme est en déshonneur.*

Le président Hénault (1) dit que la noblesse fut ignorée en France jusqu'au temps des fiefs, vers la fin de la seconde race, et qu'elle commença avec cette nouvelle seigneurie ; « ensorte que ce fut la posses-

______

(1) Abrégé chronologique de l'Histoire de France.

» sion des terres qui fit les nobles , parce
» qu'elle leur donna des espèces de sujets
» nommés vassaux, qui s'en donnèrent à
» leur tour par des sous-inféodations; et
» ce droit des seigneurs fut tel, que les
» vassaux étaient obligés dans de certains
» cas de les suivre à la guerre contre le
» Roi même (1). Le service militaire fut
» encore une autre source de la noblesse.

Le même historien , après avoir dit à
l'occasion de l'anoblissement d'un or-
fèvre nommé Raoul, sous Philippe-le-
Hardi fils de Saint-Louis, que cette nou-

―――――――――――――――

(1) Les vassaux étaient obligés , sous peine de con-
fiscation de leurs fiefs , de suivre leurs seigneurs à la
guerre contre le Roi, dans le cas où celui-ci aurait re-
fusé justice aux mêmes seigneurs. D'après ce droit créé
ou maintenu par les établissemens de saint Louis, les
arrières-vassaux ne devaient ni faire serment ni rendre
hommage , à raison de leurs fiefs , à leur seigneur do-
minant ou au Roi ; ils n'étaient tenus de reconnaître que
leur seigneur immédiat ou grand-vassal, dont ils étaient
spécialement les sujets. Quelques-uns écrivant au Roi
de France , l'appelaient *leur bon seigneur*, tandis qu'ils
donnaient et prétendaient devoir le titre de *Monsei-
gneur* au comte ou au duc leur suzerain.

velle introduction par laquelle on rapro-
chait les roturiers des nobles , ne faisait
que rétablir les choses dans le premier
état , continue en ces termes : « Les cito-
» yens de la France , sous la première et
» long-temps sous la deuxième race ,
» étaient tous d'une condition égale , soit
» Francs , soit Gaulois , et cette égalité ,
» qui dura tant que les Rois furent abso-
» lus , ne fut troublée que par la révolte
» et la violence de ceux qui usurpèrent les
» seigneuries : ce n'est pas qu'il n'y eût
» sous les deux premières races des hom-
» mes plus puissans que d'autres ; et en ef-
» fet on aurait peine à comprendre com-
» ment des Gaulois ou des Francs , revê-
» tus de grandes dignités , auraient été du
» même ordre que les autres citoyens ;
» mais cela vient de ce que l'on confond
» l'autorité avec l'état des personnes. On
» ne saurait nier qu'il n'y eût des hommes
» plus considérables les uns que les autres ;
» mais cela ne faisait pas que les distinc-
» tions dont ils jouissaient les rendissent

» d'une autre nature, pour ainsi dire, que
» leurs concitoyens ; ils en étaient les pre-
» miers, mais ils n'en étaient pas sépa-
» rés ; et les charges de l'Etat étaient éga-
» lement portées par les uns et par les au-
» tres, à la différence des temps posté-
» rieurs où la noblesse obtint à cet égard
» de grands avantages sur la roture. »

M. l'abbé Millot, relativement aux let-
tres d'anoblissement qui commencèrent
sous le règne de Philippe-le-Hardi, s'exprime en ces termes : « Il était juste sans-
» doute, de tirer de la foule des citoyens
» ceux qui se distinguaient par leur mé-
» rite et leurs services. Mais fallait-il que
» les avantages passassent à des enfans
» qui aviliraient le nom de leurs pères et
» qui ne seraient qu'un fardeau pour leur
» patrie ? L'inégalité que la noblesse met
» entre les hommes, aurait dû, ce sem-
» ble, être plus conforme aux principes
» généraux du bien public. (1) »

____

(1) Elémens de l'Histoire de France, règne de Phi-
lippe III, surnommé le Hardi.

L'hérédité du pouvoir est la seule à mon avis, qui présente et procure quelque avantage ; et lorsqu'après une révolution des plus longues et des plus terribles, un peuple a le bonheur d'être gouverné par un prince justement aimé, qui réunit toutes les qualités d'un grand monarque ; lorsqu'un prince si estimable emploie tous ses talens, met toute sa sollicitude à réparer les manx que ses sujets ont soufferts dans le cours de cette révolution, on doit espérer que ses successeurs imiteront son exemple et sauront conserver l'édifice qu'il aura construit.

Comme il importe en général que l'Etat ne soit point agité à la mort du prince, et qu'il est à craindre que cela n'arrive dans les intervalles que laisseraient des élections souvent orageuses par les brigues et les partis qui s'y forment, un ordre de succession attaché à une seule famille prévient alors ou peut prévenir toute dispute, toute intrigue, toute prétention de la part des grands ou des ambitieux qui ne manquent jamais de susciter des troubles pour en profiter, toutes les fois qu'il s'agit de réélire le chef du Gouvernement

Quand l'honneur existe naturellement chez une nation brave et instruite, qu'il est le mobile de la plupart de ses actions, et peut être *le plus grand bienfait qu'elle ait reçu de la Divinité*, (1) quand cette nation estimable a donné dans tous les temps des preuves éclatantes de grandeur d'ame; de générosité et d'intrépidité; quand enfin c'est par des faits sublimes que les Français expliquent ce que c'est que l'honneur, et qu'ils démontrent l'existence de ce qu'ils ont de plus cher au monde (2), à quoi bon créer un corps de no-

____

(1) L'Esprit de l'Histoire.

(2) Pour se faire une juste idée de ce qu'on entend par l'honneur, des devoirs qu'il impose, des sacrifices qu'il exige, des vertus qu'il faut avoir pour le pratiquer, pour suivre ses lois sévères, et pour jouir de l'estime de ses semblables, qui est le bien le plus précieux après l'estime de soi-même, on peut lire avec intérêt le superbe Discours sur l'honneur, prononcé par M. Crou-

blesse exclusive chez une nation aussi célèbre et qui tiendra toujours le premier rang dans l'univers? l'Etat, avec une semblable noblesse, n'en est pas mieux servi ni mieux défendu. Tous ceux qui servent bien leur patrie, ou dont les talens et les travaux lui sont utiles dans tous les genres, doivent recevoir des récompenses du prince ; mais ces récompenses n'ont et ne peuvent avoir d'autre but que d'encourager ou d'exciter l'émulation, et chacun a droit de prétendre à la protection et à la bienveillance du Gouvernement.

Notre sage Monarque a garanti aux Français la jouissance de ces avantages par les articles 1 , 2 et 3 de la charte constitutionnelle, qui sont ainsi conçus:

« Les Français sont égaux devant la » loi , quels que soient d'ailleurs leurs » titres et leurs rangs.

» Ils contribuent indistinctement dans

---

zet, directeur des études du Prytanée militaire français, à la distribusion des prix de l'année 1806.

» la proportion de leur fortune , aux
» charges de l'Etat.

» Ils sont tous également admissibles
» aux emplois civils et militaires. »

Nous pouvons donc espérer que l'égalité des droits publics , si favorable à une Nation éclairée qui a l'honneur pour principe , se maintiendra en France pour engager tous les citoyens à donner constamment à leur prince des preuves de zèle et de dévouement, chacun d'eux pouvant se flatter de parvenir à quelque chose.

Ces principes ne sont point incompatibles avec le Gouvernement royal , puisque, comme on vient de le voir, ils ont existé en France sous les deux premières races de nos Rois. L'assemblée législative ou nationale les remit en vigueur , en les consacrant dans la constitution de 1791 , et un prince plus ferme, plus sévère que ne le fut l'innocent et infortuné Louis XVI, aurait pu régner glorieusement , peut-être même mourir tranquillement dans son lit, en maintenant l'exécution de cette loi fondamentale de l'Etat.

Il faut convenir que le trône était bien chancelant et facile à renverser, sous un prince en qui on n'a remarqué que de la bonté et le desir de faire le bien, sans pouvoir le réaliser. Si cette bonté des Rois n'est point accompagnée de l'énergie et de la sévérité qui sont dans tous les temps les principales vertus de leur dignité, elle devient un malheur pour l'Etat, lorsqu'il se trouve en proie à des convulsions violentes, et qu'ils ne peuvent prendre aucune résolution hardie et commandée par les circonstances, pour arrêter les progrès du mal. L'orage continuant à grossir, faute d'avoir su ou pu le détourner, alors de tels princes finissent par devenir victimes des révolutions les plus terribles, et entraînent dans leur chûte toute la Nation qui sera long-temps agitée, persécutée et jouée par les factions, avant que de recouvrer la tranquillité et peut-être le bonheur qu'elle a perdu.

Qu'avons-nous vu en France pendant huit ou neuf ans de notre révolution ? Des troubles, des insurrections qui éclataient, et se propageaient dans plusieurs départemens, laissant après eux les traces les plus sanglantes et les plus horribles, effets inévitables des guerres civiles qui portent les hommes à tous les excès, à tous les crimes imaginables, attendu qu'elles ont par elles-mêmes un caractère de férocité qu'on remarque plus rarement dans les guerres étrangères ; des dissensions et des rivalités qui s'élevaient fréquemment entre les premières autorités de l'Etat, et qui ne tendaient presque toujours qu'à relever ou abattre quelque parti ; des réactions épouvantables qui suivaient nécessairement ces combats politiques. Ces grands maux, qui en entraînent une foule d'autres dont je ne parle point, et qui se sont manifestés à plusieurs époques de notre révolution, se renouvelaient avec fureur en l'an 7 et présageaient la ruine prochaine de l'Etat. Un Gouvernement trop faible pour

détourner tant de calamités , avaient em-
ployé des moyens qui ne pouvaient pro-
duire que les plus grandes injustices , et
qui au lieu de remédier au mal , l'enveni-
maient , inquiétaient tous les esprits , et
ne faisaient qu'aigrir ou encourager ceux
qui étaient portés à la révolte ou à l'anar-
chie (1).

La position extérieure de la république
n'était guères plus rassurante à cette époque , puisque l'ennemi menaçait déjà nos
frontières , et qu'on allait déclarer la patrie en danger.

Buonaparte se présente alors comme un
génie tutélaire pour sauver la France d'un
péril si imminent , pour dissiper les fac-
tieux et les anarchistes , et pour rétablir la
justice et la paix dans toute la république. Il
justifia assez pendant quelque temps la con-
fiance que la Nation avait en lui , en nous
procurant la tranquillité intérieure après
laquelle nous soupirions si ardemment ,

____

(1) Il suffit d'indiquer seulement la loi des ôtages ,
rendue sous le Directoire , à la fin de l'an 7.

en rétablissant l'ordre dans toutes les par-
ties de l'Etat, et en faisant paraître une
certaine modestie qu'on admirait dans un
général qui s'était rendu célèbre par un
grand nombre de victoires.

Les malheurs que nous avions éprouvés
dans notre révolution jusqu'à l'époque du
consulat, étaient déjà arrivés à d'autres
peuples et notamment aux Anglais, dans
leurs révolutions du 17.e siècle. Ce sera
le sort de tous ceux qui, séduits par
l'espoir d'être mieux gouvernés, plus
heureux ou plus libres, auraient l'impru-
dence de changer la forme de leur gouvernement. Ils en essaieront, comme nous,
de plusieurs espèces, sans qu'il y en ait
aucune qui plaise au plus grand nombre
des citoyens ; et les différens partis, fati-
gués de révolutionner et de se détruire tour-
à-tour, finiront tôt ou tard par se sou-
mettre à un chef énergique et adroit, qui
concentrera la force et l'autorité dans ses
mains. Voilà alors un peuple revenu au
point d'où il est d'abord parti (je le sup-

pose gouverné anciennement par un seul),
mais il n'arrive à cet état qui le laisse enfin
respirer, qu'après avoir long-temps soûf-
fert et avoir été souvent trompé par ceux
qui se disaient ses défenseurs et qui ne
travaillaient que pour eux.

Je ne parlerai point du gouvernement
impérial de Buonaparte, tout le monde con-
naît assez les maux qu'il a causés à la France
et à l'Europe par son despotisme, son or-
gueil et sa cruelle passion des conquêtes.

Cromwel, prenant les rênes du gouvernement d'Angleterre, d'Ecosse et d'Ir-
lande, sous le titre modeste de protecteur,
affermit non-seulement son autorité dans
république qu'il avait créée, mais il la fit
aussi respecter au-dehors. Quatre ou cinq
puissances s'empressèrent à reconnaître
cette république, et plusieurs souverains,
les Rois de France et d'Espagne sur-tout,
recherchèrent à l'envi l'alliance du protecteur, et lui donnèrent même le titre de
frère. Cet usurpateur tint la Nation an-
glaise dans l'éblouissement jusqu'à sa mort,

en lui parlant sans cesse de souveraineté et de liberté. Les Anglais reconnurent Richard son fils pour protecteur, et lui furent d'abord aussi soumis qu'ils l'avaient été au père ; mais Richard, n'ayant aucune de ses grandes qualités, ne sut pas se maintenir dans le protectorat, et il ne régna que quelques mois.

Buonaparte, devenu empereur, est successivement en guerre avec toutes les puissances ; il se rend maître des royaumes et des républiques, les réunit en totalité ou en partie à son empire, ou en forme des états particuliers pour sa famille. Il veut pousser trop loin ses conquêtes, et tous les souverains de l'Europe, dont quelques-uns avaient été humiliés, profitant de ses revers, réunissent toutes leurs forces contre lui, l'accablent, viennent dans la capitale de ce vaste empire, et déclarent ne plus vouloir traiter avec Napoléon ni avec aucun membre de sa famille. Le Sénat prononce aussitôt la déchéance de l'homme dont les caprices et les volontés, quelques fois si contraires aux intérêts de l'Etat, étaient cependant toujours respectés et exécutés ponctuellement. Voilà donc ce conquérant naguère si redoutable, qui remplissait l'univers du bruit de ses exploits, qui disposait à son gré des couronnes, et qui croyait sa puissance bien affermie, le voilà déposé lui-même pour avoir tout sacrifié à son excessive ambition ; et une petite île devient la demeure et le partage de celui à qui un grand Etat ne pouvait suffire.

D'après la rude épreuve que nous en avons faite, on peut dire avec vérité que les peuples ne gagnent rien au changement de Gouvernement, qu'il soit ou non l'effet de leur volonté, quand la forme d'administration établie depuis plusieurs siècles est analogue aux mœurs et au caractère d'une Nation, et lorsqu'on veut réformer les abus qui peuvent s'y être introduits, on devrait prendre des précautions pour éviter le danger d'une révolution.

Il n'y a nul doute que le Gouvernement monarchique ne soit le seul qui convienne à la France , puisqu'elle a vécu sous des Rois pendant plus de 1300 ans. L'expérience démontre qu'il est le plus propre à maintenir la durée des empires , et à procurer la tranquillité des particuliers. Dans ces derniers temps de calamités , la plupart des Français aspiraient à retourner sous l'autorité paternelle de leurs Princes légitimes , étant la seule qui pût leur rendre le repos et le bonheur dont ils étaient privés depuis bien des années. On desirait que ce changement se fît sans secousse violente , sans effusion de sang , attendu qu'il n'y en avait déja eu que trop de répandu dans la révolution et dans les guerres désastreuses qui sont enfin terminées , et les vœux des Français ont été accomplis.

Un souverain , qui donne journellement des preuves de sa haute sagesse en conciliant tous les esprits , en commandant l'oubli de toutes les erreurs , et qui fait consister la vraie gloire à rendre son peuple heureux, est assurément bien digne de l'amour de ses sujets. Aussi les Français expriment-ils sans cesse, par les plus vives acclamations, le plaisir toujours nouveau que leur procure la présence du monarque qu'ils chérissent, et auquel ils témoignent leur sincère reconnaissance pour les bienfaits qui marquent chaque jour de son règne.

FIN.